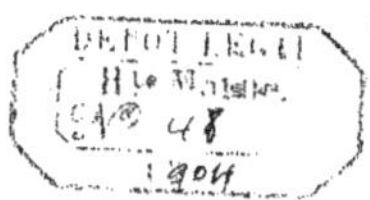


UNIVERSITÉS DE FRANCE

AGRÉGATION DES FACULTÉS DE DROIT
(SECTION DES SCIENCES ÉCONOMIQUES)

CONCOURS DE 1903

# COMPOSITION D'ÉCONOMIE POLITIQUE

Faite en 7 heures, le 8 Octobre 1903



PAR
**Albert SCHATZ**
LICENCIÉ ÈS LETTRES
LAURÉAT DE LA FACULTÉ DE DROIT DE PARIS
(*Prix de thèse :* 1902)

PARIS
LIBRAIRIE NOUVELLE DE DROIT ET DE JURISPRUDENCE
ARTHUR ROUSSEAU, ÉDITEUR
14, RUE SOUFFLOT ET RUE TOULLIER, 13
1903

# LES PLUS-VALUES FONCIÈRES DANS LES VILLES (1)

Les théories et les mesures politiques qui touchent au régime et à l'état de la propriété foncière donnent lieu à l'opposition la plus singulière qui se puisse concevoir et la plus digne, à tous égards, d'attirer l'attention. Avec une égale ardeur, les partisans de la propriété foncière travaillent à la développer et à la perfectionner et ses adversaires à la détruire. Encore faut-il ajouter que si les premiers consacrent à sa défense la plus rare énergie, ils ne laissent pas de s'attacher, ici, à la disparition de la grande propriété pour multiplier le nombre des petits propriétaires et, là, à s'opposer dans la mesure du possible à l'émiettement et à la division excessive des biens fonciers. Si, en effet, dans le premier groupe, nous pouvons ranger les lois anglaises de 1887 et de 1892 sur les « allotments » et les « small holdings » les lois allemandes de 1890-1891 sur les « Rentengüter » et les « Rentenbanken », nous pouvons opposer à ce premier groupe la loi allemande de 1896 sur l' « anerbenrecht », la loi française de 1884 destinée à diminuer les frais en matière d'échange et à faciliter les remembrements, comme aussi les divers projets de loi concernant l'institution du « homestead ».

Or, si l'on ne saurait exagérer l'importance de ce mouvement de la pensée et de la pratique économique en vue de donner à la propriété foncière sa forme la meilleure et d'assurer sa diffusion, il convient de ne pas oublier que cette même propriété foncière est de jour en jour plus violemment attaquée dans son principe même. Elle a ce dangereux privilège d'être menacée non seulement par les collectivistes proprement dits, ennemis de tout « capital », mais par les partisans plus modérés de la doctrine de nationalisation

(1) [Les passages, entre crochets, ne figurent pas dans le manuscrit.]

du sol qui prétendent borner leurs projets de réforme à la seule propriété foncière rurale ou urbaine. Et cette critique apparaît comme singulièrement redoutable si l'on songe qu'un économiste classique à tendances quelque peu socialistes, il est vrai, mais disciple cependant de ces Physiocrates qui mettaient l'institution de la propriété à la base même de la société, J. Stuart-Mill, fut un des premiers à prendre la tête d'une [ « English land tenure reform association »] (1).

Aussi bien, si l'on cherche à déterminer la raison d'être de cette opposition au régime actuel de la propriété foncière, est-ce dans les théories mêmes de l'école classique qu'il la faut chercher. On sait comment Marx et ses disciples attribuent à A. Smith, Malthus et Ricardo le meilleur de leurs théories. Or, si l'on peut songer à un « collectivisme des classiques » on pourrait aussi chercher chez eux l'origine des théories de naturalisation du sol.

A. Smith, Malthus et Ricardo partent de ce principe, par eux posé, qu'il est dans le sol des facultés naturelles et impérissables. La terre a une valeur naturelle. De plus, la terre est en quantité limitée. Donc le propriétaire foncier jouit d'une valeur qui ne résulte pas d'un travail par lui fourni et, d'autre part, il jouit d'un véritable monopole. La propriété foncière est proprement un monopole naturel. Singulière contradiction, en vérité, que de voir les apôtres de la liberté défendre avec tant d'énergie un monopole et attribuer de la « valeur » à la terre vierge et nue, après avoir fait du travail la source de toute valeur !

Quoi qu'il en soit, sans discuter cette position théorique dont nous verrons les conséquences dangereuses, sans insister non plus sur les raisons d'utilité sociale que les classiques estiment propres à justifier et ce monopole et ce revenu sans travail, il importe de bien saisir les déductions auxquelles ils sont conduits. Ces déductions se ramènent à l'étude de deux phénomènes écono-

(1) Le manuscrit porte « Land nationalisation Society ».

miques qu'il importe de distinguer : c'est d'une part, la *rente du sol* et, d'autre part, la *plus-value foncière urbaine*. Ces deux phénomènes différents quant à leur nature intrinsèque et quant à leurs causes, rendent par conséquent nécessaire une étude distincte et appellent des remèdes différents.

Chez les premiers classiques, en particulier chez Ricardo dont le nom est resté attaché à la théorie de la rente du sol, le premier de ces phénomènes est seul considéré. Il suffit d'en rappeler en quelques mots la nature : les différentes parcelles du sol cultivé sont douées d'une inégale fertilité. Les plus productives sont mises en culture tout d'abord, mais, peu à peu, l'accroissement de la population oblige à cultiver des terres moins bonnes où le coût de production va être en conséquence plus élevé. Cependant, c'est une vérité évidente que les mêmes produits apportés sur un même marché doivent être vendus au même prix. Ce prix sera le prix le plus élevé, car il ne saurait descendre au-dessous du coût de production sans restreindre cette production, ce qui est contraire à l'hypothèse. Par conséquent, le propriétaire de la terre la plus fertile va vendre au delà de son coût de production. La différence qui existe entre ce coût de production et le prix de vente (c'est-à-dire le coût de production de l'autre propriétaire considéré) constitue la rente foncière. On chercherait vainement à s'opposer à cette loi naturelle. La rente, en effet, ne détermine pas les prix, mais est déterminée par eux. D'autre part, toute incorporation de capitaux dans la terre la moins fertile se heurterait à la loi non moins inéluctable du rendement décroissant.

Telle était, très rigoureusement condensée, la théorie de Ricardo. Il ne tarda pas à s'y ajouter une autre théorie qui en semblait le complément logique, mais qui en diffère en réalité. C'est la théorie de la plus-value foncière dans les villes. Tout terrain enclavé dans une agglomération urbaine voit sa valeur croître, non plus en vertu de sa fertilité naturelle, mais par ce que que Lassalle appelait les « conjonctures sociales », accroissement de la population, transformations et progrès matériels de la ville, multiplication des moyens de transport, etc. Ici encore, nous trouvons au profit du propriétaire foncier un monopole et des revenus sans travail.

Nous avons dit que le second phénomène différait du premier quant à sa nature, quant à ses causes, quant aux remèdes qu'il appelle. Dans ce second cas, en effet, il ne s'agit plus d'une « faculté naturelle et impérissable » du sol, mais d'une différence de situation. Or, parler de situation, de préférence, c'est parler de faits contingents et changeants, c'est faire appel non plus à une qualité physique et naturelle, mais à une qualité où il entre quelque élément psychologique. La mode se substitue, en une certaine mesure, à la productivité naturelle du sol pour la plus-value urbaine. Nous aurons à signaler les conséquences essentielles, à notre sens, de cette distinction (1). Il suffit de faire remarquer dès maintenant qu'à ces deux phénomènes, il importera, si le besoin s'en fait sentir, de trouver des remèdes différents. Ce que nous pourrions dire de la rente du sol ne s'appliquerait pas à la plus-value foncière urbaine. Les lois adjacentes, si l'on peut dire, à la loi de la rente foncière, soit en ce qui concerne le rendement décroissant, soit la détermination du prix sur un marché sont sans application à la plus-value urbaine. L'accroissement de fertilité qui peut résulter de certains travaux agricoles ou chimiques, l'égalisation qui peut s'établir sinon entre les revenus fonciers, du moins entre les différents taux de revenus, c'est-à-dire les deux principaux correctifs de la rente foncière, seraient impuissants à corriger les excès des plus-values foncières dans les villes.

C'est ce second phénomène, la plus-value foncière dans la ville, que nous devons étudier spécialement après en avoir déterminé, avec Bastiat et son école, la nature précise. Trois ordres de questions méritent un examen particulier. D'abord, l'étude même de

(1) [On trouvera cette distinction formulée dans la monographie de R. de Fontenay, *Du revenu foncier*, Paris, Guillaumin, 1854, p. 260.]

la plus-value foncière, ses causes, ses effets et, s'il est possible, sa confirmation par les faits. En second lieu, les remèdes que l'on a proposés pour la corriger. En troisième lieu enfin, nous aurons à nous demander si cette plus-value foncière dans les villes mérite en réalité l'anathème qu'on lui a jeté, si le propriétaire urbain jouit en réalité d'un monopole dangereux pour la société et toujours fécond pour lui. Si nous découvrons, au contraire, une justification de sa situation et des correctifs naturels et actifs aux privilèges apparents qu'il détient, nous serons en droit de conclure à la légitimité des plus-values foncières dans les villes que l'on ne critique que pour en méconnaître la nature exacte et les effets certains.

*
* *

Et tout d'abord, comment s'explique le privilège dont jouit, au moins si l'on en croit la commune renommée, le propriétaire urbain? Le propriétaire urbain, dit-on, jouit d'un monopole. En effet, les terrains à bâtir dans l'enceinte d'une agglomération urbaine, sont en quantité limitée. A mesure que la population va augmenter le propriétaire urbain va se trouver dans une situation de plus en plus avantageuse, puisqu'il détient un bien, une richesse de plus en plus utile à des gens de plus en plus nombreux.

C'est là, pourrait-on dire, un monopole général commun à tous les propriétaires urbains. Il faut y joindre la multitude infinie des monopoles particuliers : monopole du propriétaire dont l'immeuble fait le coin de deux rues, ou bien est situé près de la mer, ou dans le centre de la ville, etc., monopoles divers qui se multiplient en même temps que la cité s'accroît et qui sont l'effet normal et nécessaire de la civilisation. On le comprend de reste, si l'on songe à ce qu'achète, en réalité, le locataire d'un immeuble urbain ; il achète, ou bien la satisfaction facile de ses besoins professionnels, ou la proximité de lieux de plaisir, ou la facilité et l'économie des moyens de transport. Ces mobiles qui agissent puissamment sur les locataires enrichissent le propriétaire urbain sans lui coûter aucun travail.

Il faut aller plus loin et reconnaître la même situation privilégiée au propriétaire d'un terrain non bâti. Ici, aucun semblant de travail n'apparaît. Le propriétaire peut abandonner son terrain, le laisser se couvrir d'une végétation de forêt vierge, l'oublier; pendant ce temps là, la société travaille pour lui. Le jour où il lui plaira, il pourra réaliser une fortune à laquelle il n'a en rien contribué. Toute la plus-value foncière, toute l'augmentation de valeur qui s'est produite à l'insu même du propriétaire entre le prix d'achat et le prix de vente de son terrain, sont l'effet de la vie en société, du progrès économique auquel il n'a pas contribué et que, même, il entrave par son parasitisme et sa richesse mal acquise.

Telle est l'essence des critiques adressées au propriétaire urbain, et il faut en chercher l'énergique expression dans les apostrophes d'un partisan de la « nationalisation du sol », l'auteur de *Progrès et pauvreté*, Henry George. Le propriétaire urbain, dit-il, peut laisser le terrain qu'il possède en friche, « planer dessus en ballon, y dormir ou y fumer sa pipe », il n'en sera pas moins fatalement enrichi. Mais quel est l'effet *social* de cette situation? Il faut se garder d'y voir un mal purement individuel. Le propriétaire foncier est le vampire qui aspire le sang du corps social. A mesure que son monopole l'enrichit, la misère sociale croît sans cesse. Le progrès n'est pas un levier qui soulève la société tout entière, c'est un coin qui la divise en deux parties toujours plus éloignées l'une de l'autre. Et c'est cette antithèse même qui a enflammé la verve d'Henry George. Qu'il nous suffise de rappeler sa description de San-Francisco, la ville en pleine prospérité, bien bâtie, bien éclairée, mais derrière la splendeur de laquelle il décrit la misère croissante, les quartiers pauvres, les maisons sans air et les habitants misérables.

N'y a-t-il là que les déclamations d'un rhéteur ou peut-on s'appuyer sur des faits pour soutenir la même thèse? On peut, sans hésitation affirmer que les faits sont nombreux qui semblent confirmer, à tout le moins, l'extraordinaire plus-value foncière des terrains et des maisons qui s'est produite au cours des siècles. Les travaux du vicomte d'Avenel — pour ne citer que lui — sur la propriété foncière et sa valeur à différentes époques depuis Philippe-Auguste jusqu'à nos jours, sont à cet égard particulièrement significatifs. Si l'on considère avec lui les terrains aujourd'hui compris dans les 20 arrondissements de Paris, ces plus-values de 200, 300, 500 0/0 et davantage ne sont pas rares. Tel terrain qui vaut aujourd'hui 300 francs vaut aux environs de l'an 1450, époque de crise pour la propriété foncière, quelques centimes : 0 fr. 95 si nos souvenirs sont exacts (1).

[En 1303, un terrain situé entre le Châtelet et les Tuileries vaut 0 fr. 01 le mètre carré.

Un terrain de 83 hectares appartenant à l'Hôtel-Dieu et situé sur l'emplacement actuel du Luxembourg et de l'Observatoire, vaut au XVe siècle 20.000 francs, au XVIe siècle 460.000 francs et aujourd'hui vaudrait 166 millions. La valeur des terrains à bâtir aurait, d'après le même auteur, monté en moyenne dans la proportion de 1 à 2.000. Il faut toutefois remarquer que cette hausse n'est pas continue. Au XIVe siècle et au XVe siècle il se produit même un mouvement de baisse persistant et accentué. Un même terrain vaut entre 1301 et 1350 : 2.900 francs, tombe de 1351 à 1400, à 1.360 francs et baisse à 823 francs aux environs de l'an 1500. Il se produit une baisse analogue sous Louis XIV et pendant les premières années de la Régence. En ce qui concerne les loyers, le vicomte d'Avenel propose une moyenne de 123 francs de 1200 à 1250, de 240 francs de 1301 à 1350, de 7.000 francs en 1893] (2).

Il semble bien y avoir là un phénomène d'une incontestable exactitude et bien fait pour frapper l'esprit. Si la plus-value fon-

(1) Voir *Revue des Deux-Mondes*, 1893, et surtout avril-juin 1894.

(2) Le manuscrit porte simplement : « Les loyers de 4.500 francs actuels correspondent, autant qu'on peut comparer ces deux époques, à des loyers de 60 à 100 francs. »

cière dans les villes est, ainsi que nous avons tenté de le montrer, un phénomène distinct de la rente foncière définie par Ricardo, il semble que ce phénomène soit plus grave encore et plus injuste. On comprend que les collectivistes agraires de l'école de George ou des écoles voisines de R. Wallace et de Flürscheim aient eu beau jeu à déclamer contre les propriétaires urbains. Les socialistes ont trouvé un thème fécond en déclamation dans ces descriptions de propriétaires parasites, exploitant honteusement les prolétaires, capables de se syndiquer un jour pour jeter à la rue des populations entières (d'où la nécessité de proclamer un « droit à l'abri »). Des faits récents montrent trop bien que, si l'opinion publique supporte difficilement l'idée du monopole, le prétendu monopole des propriétaires urbains est le plus détesté de tous.

*
* *

A une situation ainsi définie, quels remèdes a-t-on proposés ? Ils sont divers, mais on peut les grouper sous deux chefs suivant qu'on prétend détruire ou corriger les plus-values foncières urbaines :

A. par l'expropriation ou le rachat,

B. par l'impôt.

A. L'expropriation et le rachat témoignent d'un inégal souci de respecter les droits des propriétaires urbains. L'expropriation pure et simple peut s'appuyer sur certaines paroles d'Henry George peu faites pour encourager les scrupules. « La propriété du sol, dit-il, est un vol qui se perpétue. » Il ne saurait y avoir de droits légitimes ayant pour point de départ un attentat contre l'ordre public et contre la morale elle-même. Nous n'avons pas à insister sur l'injustice de telles mesures qui ressortira d'elle-même de la critique que nous devrons présenter des théories qui condamnent les plus-values foncières dans les villes.

Si toutefois on prétendait corriger la mesure proposée en la transformant en un rachat, destiné à indemniser les propriétaires des sacrifices par eux consentis pour améliorer leur bien, on se heurterait sans doute à d'inextricables difficultés, lorsqu'il s'agirait de faire le départ de ce qui dans la valeur courante est le fait du milieu économique et des conjonctures sociales ou le fait du propriétaire lui-même.

D'autre part, si un réel souci de justice présidait vraiment à une telle opération, il y a tout lieu de croire que la charge assumée par l'État dépasserait de beaucoup ses ressources financières. Comment, en effet, trouverait-il les [80] milliards nécessaires au rachat? Par quel procédé d'exploitation, ces milliards une fois trouvés, en assurerait-il le rendement?

C'est pour avoir compris [la première de] ces difficultés que M. Gide proposa un jour, il y a quelque vingt ans, un ingénieux procédé consistant à acheter les terrains et immeubles contre paiement immédiat avec livraison différée à quatre-vingt-dix-neuf ans. On pouvait espérer ainsi des conditions de vente particulièrement favorables. Notre éminent maître a, lui-même, présenté la critique de sa proposition : une réforme ajournée à quatre-ving-dix-neuf ans ne laisse pas de l'inquiéter et cette opération nous éloigne, à coup sûr,en spéculant sur les mauvais sentiments de notre nature, de l'idéal solidariste. Il faut ajouter que dans toute mesure de ce genre, les derniers moments où le propriétaire jouirait de son droit sont néfastes à l'entretien du bien foncier. On n'empêchera jamais l'homme de s'occuper avec moins de zèle de l'amélioration d'un bien qui doit lui échapper à brève échéance.

En supposant le rachat effectué,ou en ce qui concerne les terrains, non encore appropriés, l'Etat ne pourrait-il se borner à les concéder purement et simplement, en se réservant le domaine éminent ou plus exactement le droit de propriété? On connaît le procédé anglais qui consite à ce que le propriétaire d'un terrain le concède par un bail emphytéotique à un autre individu qui construit sur ce terrain un certain nombre d'habitations qu'il donne en location et dont il touche les loyers. A l'expiration du bail, la propriété des constructions revient au propriétaire du terrain. Si nous rappelons cet usage, c'est pour en tirer l'enseignement applicable à notre matière ; on en sentira toute la valeur si l'on songe à la construction hâtive, à la solidité incertaine et parfois à l'entretien défectueux des « cottages » uniformes qui sont un des aspects caractéristiques des villes anglaises.

Si ce système présente certains dangers, on peut aussi lui reprocher d'être difficilement applicable. Dans l'ancien continent, les terres libres sont rares (1) ; dans le nouveau continent et dans les colonies, les gouvernements hésitent à se priver de l'énergique stimulant qu'est l'intérêt personnel du propriétaire. Cependant, on peut citer le respectable scrupule apporté par la Nouvelle-Zélande à sauver le principe, les terres y ayant été, dans certains districts, concédés pour 999 ans. (2).

B. Nous en arriverons ainsi au second procédé, qui consiste à absorber plus ou moins complètement la plus-value foncière dans les villes en ayant recours soit à l'impôt, soit à une indemnité spéciale exigée des propriétaires (3).

Les partisans de ce dernier système, parmi lesquels il convient de citer M. Gust. Freiburg (4), ont fort à propos découvert dans la loi du 16 septembre 1807 sur le dessèchement des marais, certains articles auxquels ils ont jugé bon de donner une portée inattendue : « Le montant de la plus-value obtenue par le dessèchement, dit l'article 28, sera divisé entre le propriétaire et le concessionnaire... » Les propriétaires, aux termes de l'article 21, auront la faculté de se libérer de l'indemnité par eux due, en délaissant une portion relative de fonds calculée sur le pied de la dernière estimation... » Si les propriétaires, ajoute l'article 22, ne veu-

(1) [L'expérience pourrait être faite avec les « Communaux ». ]

(2) Voir A. Métin, *Le socialisme sans doctrine*.

(3) [La disposition matérielle des développements adoptée dans le manuscrit a été, ici, légèrement modifiée.]

(4) Voir *La contribution foncière. Régime actuel, régime de l'avenir*. Communication de M. G. Freiburg au Congrès international de la propriété foncière, 1900.

lent pas délaisser des fonds en nature, ils constitueront une rente sur le pied de 4 0/0 sans retenue... »

Ainsi donc, d'après ce précieux texte trop oublié, l'individu, le propriétaire qui bénéficie d'une plus-value doit indemniser l'Etat, soit, en d'autres termes, partager avec la société la plus-value qu'il doit à la société. N'est-ce pas l'expression même de la justice ?

On ne saurait douter qu'il y en ait là l'apparence, mais la réalité est loin de l'idéal que l'on nous propose. Sans doute, l'indemnité exigée du propriétaire urbain va absorber ce que Stuart-Mill appelle « l'unearned increment », la plus-value non gagnée. Mais, à supposer que cette plus-value soit aisément et rigoureusement appréciable en argent, nous nous heurterons cependant à deux objections graves : la première, c'est le risque de déposséder purement et simplement le propriétaire [et d'établir arbitrairement une véritable expropriation]. En effet, le propriétaire se voit réclamer une indemnité pour une plus-value qu'il n'a pas sollicitée. Cette plus-value peut être considérable ; l'indemnité qui va la représenter le sera donc également et dépassera peut-être les ressources du propriétaire. Sans doute, il peut se libérer en abandonnant une partie du fonds, mais qu'est-ce autre chose qu'une dépossession et comment admettre que la justice ait un si singulier effet, [si attentatoire tout au moins à la liberté individuelle].

En second lieu, si l'évolution sociale a pour effet de créer une plus-value au profit de certains propriétaires fonciers urbains, elle a, par contre et dans le même temps, pour effet de diminuer la valeur de certains autres biens. Une rue nouvelle diminue la circulation dans les rues anciennes et produit pour les immeubles qui se trouvent dans ces dernières une moins-value. Si donc l'Etat s'approprie la plus-value dans le premier cas, il doit indemniser les propriétaires de la moins-value qui se produit dans le second. Il est de toute évidence que c'est là la condition *sine qua non*, pour que la justice soit sauve. En réalité, à l'aléa normal des conventions humaines on substitue simplement l'intervention de l'Etat.

D'ordinaire, les partisans de la nationalisation du sol laissent dans l'ombre cet aspect de la question. M. G. Freiburg a le mérite de l'accepter comme le précédent. A l'*unearned increment*, il oppose ce qu'il appelle l'*unverschuldete minderwerth*, c'est-à-dire l'indemnité pour moins-value. Sans doute ici le principe est logiquement suivi, mais c'est aux dépens de son applicabilité. On se demande avec inquiétude quelle autorité administrative ou judiciaire pourrait déterminer avec précision le changement apporté à la valeur d'un immeuble par le percement d'une rue prochaine ou éloignée ou par toute autre transformation économique.

Peut-on espérer obtenir par l'impôt un résultat meilleur ? Il convient de distinguer ici deux ordres de réforme ; certains ont proposé un impôt spécial destiné à absorber la plus-value foncière urbaine totale, d'autres prétendent utiliser certains impôts existants en les faisant porter spécialement sur la propriété bâtie.

Parmi les premiers il convient de signaler H. George [et Flürscheim]. H. George préconise l'impôt unique, destiné à absorber la rente en laissant subsister la propriété « à prendre l'amande en laissant l'écorce », nous ramenant ainsi par un détour singulier à l'impôt unique des Physiocrates. [Flürscheim préconise un impôt spécial sur les biens fonciers urbains, portant non pas sur la construction ni sur la valeur locative, mais sur le sol même. Il prétend pousser ainsi les propriétaires à consacrer plus libéralement leurs revenus à l'amélioration des habitations.]

De telles dispositions, manifestement inspirées de la volonté d'absorber une certaine plus-value considérée comme injuste, se heurtent aux objections que soulève l'expropriation pure et simple. Elles ne sauraient se défendre si l'on peut établir, comme nous essaierons de le faire, une justification des plus-values foncières dans les villes.

Plus réalisable, et partant plus dangereuse, est la tendance de certaines municipalités à s'approprier une part plus ou moins considérable de ces plus-values en surtaxant la propriété bâtie. Cette tendance à laquelle nous faisons allusion s'est surtout manifestée depuis la promulgation de la loi du 29 décembre 1897, relative à la suppression des taxes d'octroi sur les boissons hygiéniques. L'article 5 de cette loi prévoit la création par les communes de taxes de remplacement directes ou indirectes établies sous réserve de l'approbation législative. La loi du 31 décembre 1900 a, en conséquence, autorisé la Ville de Paris à établir à partir du 1er janvier 1901 : « 1° une taxe foncière à la charge des propriétaires d'immeubles situés à Paris ; 2° une taxe sur la valeur des propriétés non bâties à Paris ; 3° une taxe locative à la charge des personnes occupant des immeubles également à Paris... » De plus, la loi du 21 mars 1901 a joint à ces droits une taxe de 1 0/0 sur la valeur locative des locaux commerciaux et industriels (art. 1), cette tendance des municipalités [cette hostilité contre les plus-values foncières urbaines] est nettement formulée dans la série d'articles (1) que M. A. Veber a consacrés à la suppression des octrois. Nous lui reprocherions volontiers de s'inspirer d'un préjugé dont il nous reste à montrer la vanité, et aussi de manquer son but ; car, par une loi d'incidence trop connue, on sait de reste que ces charges imposées à la propriété bâtie au nom des classes pauvres, retombent finalement sur ces classes mêmes avec une régularité constante et qu'on perdrait peut-être le droit de regretter, si cette tendance s'accentuait et se développait.

*
* *

Au point où nous sommes parvenu de cette étude, il semble que la plus-value foncière dans les villes soit un danger et une injustice auxquels aucun remède ne saurait être appliqué. En réalité, cependant, avant de déclarer le mal sans remède il est bon de rechercher si le mal existe, en revenant pour le mieux juger sur le phénomène de plus-value foncière dans les villes.

(1) *Revue socialiste*, 1898. Ces articles ont été récemment réunis en volume.

Deux points essentiels devront nous retenir : les plus-values foncières dans les villes peuvent-elles se justifier ? Ce qu'il y a en elles de singulier et parfois de choquant ne trouve-t-il pas dans le progrès même de la vie sociale des correctifs suffisants pour en combattre et neutraliser les mauvais effets ?

Pour apprécier comme il convient la plus-value foncière dans les villes, nous distinguerons suivant que la cause en est antérieure ou postérieure à l'acquisition du bien foncier. En effet, dans le premier cas, il va de soi que l'acquéreur a dû payer un prix correspondant exactement à la plus-value et qu'on ne saurait récupérer sur lui cette plus-value.

Supposons donc la cause de la plus-value postérieure à l'acquisition. Nous distinguerons ici avec Bastiat, ou plus exactement avec un de ses disciples immédiats, R. de Fontenay (1), suivant que la plus-value provient :

1° d'améliorations effectuées par l'intéressé lui-même ;

2° d'améliorations effectuées par un syndicat de propriétaires ;

3° d'améliorations effectuées par l'Etat.

1° En pareille hypothèse, aucune difficulté puisque le propriétaire est l'auteur principal de la plus-value. Tout le stimulant qui réside dans l'intérêt personnel et qui en fait l'agent essentiel du progrès social serait paralysé si cette plus-value ne profitait pas à son auteur.

2° Si un syndicat de propriétaires s'est formé pour réaliser les améliorations d'où résulte la plus-value, chacun des membres de l'association a pu et dû prévoir leur effet. Chacun a pu et dû mesurer ses sacrifices sur le résultat espéré.

3° Reste donc le cas le plus embarrassant en apparence, où la plus-value est le fait de l'Etat.

Ici deux considérations peuvent intervenir ; on peut dire d'abord, et Bastiat (2) ne craint pas de le faire, que le propriétaire foncier

(1) R. de Fontenay, *op. cit.*

(2) Bastiat, *Harmonies économiques*, chap. de la *Rente*.

en sa qualité de contribuable et d'associé à l'administration générale de l'Etat, perçoit légitimement les avantages qui sont le résultat de sa participation aux charges publiques et à l'administration de l'Etat.

On peut dire surtout que l'individu qui consacre ses capitaux à l'acquisition d'un bien foncier urbain se livre à une spéculation, aléatoire comme toute spéculation et dont l'aléa même implique des chances de gain proportionnelles aux chances de perte [Ici, beaucoup plus qu'en ce qui concerne la rente foncière proprement dite, l'aléa est le phénomène essentiel et c'est pourquoi nous avons cru indispensable d'insister dès le début sur les différences de nature qui séparent ces deux sortes de revenus fonciers]. La seule objection possible consisterait à démontrer que le propriétaire urbain peut se soustraire à cet aléa et est fatalement destiné à gagner dans cette spéculation. Or cette démonstration serait impossible. L'exemple de l'Italie nous a montré à quels dangers s'exposaient les spéculateurs sur immeubles. Et encore aujourd'hui les nombreuses constructions qui se multiplient dans Rome et dans les grandes villes italiennes sans trouver de locataires, peuvent faire légitimement douter de l'enrichissement certain de leurs propriétaires.

Aussi bien, l'aléa est-il si réel dans ce genre de spéculation que nous en avons constamment la preuve sous les yeux [Ainsi nous avons signalé les grandes périodes de baisse de la valeur du sol urbain aux XIV^e^ et XV^e^ siècles]. Ainsi, la mode s'est détournée du Palais-Royal à Paris et de certaines rues centrales, tandis qu'au contraire la vogue [et certaines autres causes qu'il y avait mérite à *prévoir*] ont déterminé une véritable migration de Paris vers l'Ouest, et une hausse considérable des terrains situés dans cette région. Ces mouvements de la population et du goût public ont pu ruiner certains. Ils couraient évidemment un risque dont on ne saurait reprocher aux autres d'avoir profité.

Ainsi donc, dans le cas même où les plus-values foncières des villes semblent prêter davantage à la critique, on peut les justifier en une certaine mesure en y voyant une spéculation soumise aux risques ordinaires de ces opérations. Il nous faut maintenant montrer les correctifs que trouvent ces plus-values dans l'évolution normale des sociétés.

[Tout d'abord, s'il y a en elles quelque chose à corriger, il faut bien entendre que ce n'est pas un monopole.] C'est jouer sur les mots que de parler d'un monopole des propriétaires urbains. Pour caractériser le monopole, il est bon de s'en tenir à la définition de Condorcet : « le monopole c'est vendre seul » (1), et il y a quelque arbitraire à étendre la définition au cas où la concurrence est simplement limitée. Or, la concurrence existe entre propriétaires urbains et elle leur fait rudement sentir ses effets. Il suffit pour s'en convaincre de remarquer combien les perfectionnements incessants apportés aux immeubles neufs rendent difficile la mise en valeur des immeubles plus anciens. Cette concurrence est telle qu'on ne saurait voir que le fait d'une imagination trop ardente dans l'hypothèse d'un trust ou d'un *consortium* des propriétaires, réduisant la population d'une ville à coucher à la belle étoile.

Si donc la propriété urbaine n'est pas un monopole, si la concurrence y joue pour ainsi dire à plein, on peut seulement chercher à corriger ce que les plus-values foncières peuvent avoir de choquant [si on les compare surtout au sort des revenus mobiliers qui ont été sans cesse en décroissant et même à ceux de la propriété foncière agraire qui ne présentent pas une telle ascension].

Tout d'abord, le propriétaire urbain, dont l'animosité populaire a fait un type unique et invariable, constitue une classe sociale dont les individus changent et se succèdent. Une plus-value réalisée en un ou deux siècles peut fort bien n'avoir pas empêché tel possesseur du bien urbain d'avoir été ruiné pendant les 30, 40 ou 50 années qu'il en a été propriétaire. De plus et par cette succes-

(1) Condorcet, « Monopole et monopoleurs », *Coll. des princip. Economistes.*

sion même des détenteurs, les droits de mutation, de succession [les impôts pesant sur la propriété bâtie ou à bâtir], font participer la société à cette plus-value dont elle est en partie l'auteur.

Enfin, et c'est le dernier point sur lequel nous tenions à insister, les causes de plus-values foncières dans les villes, telles que nous les avons déterminées tendent, sous diverses influences, à perdre de leur efficacité. La principale de ces causes, c'est l'accroissement de la population et l'attraction exercée par un centre sur les habitants des campagnes ou de la province, s'il s'agit de Paris. Sans doute cette attraction reste puissante. Sans doute, les populations s'agglomèrent autour des centres et tel auteur socialiste a pu décrire les « villes tentaculaires » (1). Mais le même auteur socialiste indique très justement comment les individus qui gravitent autour des villes, qui y ont un métier ou une occupation tendent à fixer leur domicile en dehors de ces centres. Il décrit ces trains de la banlieue de Bruxelles tout chargés, au matin, d'ouvriers qui habitent dans la campagne voisine et qui y retourneront le soir.

Or cette tendance, que les progrès des voies de communication accentuent, non seulement détruit toute apparence de monopole pour les propriétaires urbains, mais s'oppose à ce que les plus-values foncières dans les villes s'élèvent au delà d'un certain taux : aux prétentions des propriétaires urbains il devient trop aisé d'opposer la possibilité de se soustraire à leurs exigences en habitant hors de la ville. C'est le cas, signalé par H. George lui-même, où il reste des terres libres à exploiter et qui mettent obstacle à l'élévation excessive de la rente du sol.

Cette tendance à élargir le champ de la concurrence, en ce qui concerne l'habitation, est accentuée par certains textes et projets législatifs, parmi lesquels la loi du 30 novembre 1894 sur les habitations ouvrières, complétée par le projet Siegfried du 11 mars

(1) Van der Velde, *Les villes tentaculaires*.

1897, destiné à faciliter aux ouvriers l'acquisition de domaines inférieurs à 5 hectares (1).

*
* *

[Nous n'avons pas à insister sur les conclusions de cette étude qui se sont dégagées d'elles-mêmes.] Les idées essentielles, que nous avons jugé bon de mettre en lumière à propos des plus-values foncières urbaines, peuvent se ramener à trois :

1° Ces plus-values foncières des villes sont un phénomène distinct quant à son origine, à sa nature et à ses effets de la rente du sol. Elles tiennent, d'une part sans doute, à des lois dynamiques du développement des sociétés, mais il y entre un élément social et psychologique qui explique leurs variations et qui leur communique en particulier le caractère de profits réalisés dans une spéculation normale ;

2° Ces plus-values sont violemment critiquées, mais les remèdes que l'on propose pour les détruire sont pires que le mal et laissent notamment le champ libre à tous les abus auxquels la tendance socialiste et démocratique, au mauvais sens du mot, a conduit certaines municipalités.

3° On peut écarter la recherche de ces remèdes à condition de reconnaître le caractère normalement aléatoire des spéculations sur les immeubles urbains et de constater les divers correctifs que la civilisation et le progrès économique apportent aux plus-values foncières des villes.

(1) Nous pourrions citer dans le même ordre d'idées le mouvement qui se dessine en faveur des jardins ouvriers, au sujet desquels vient de se tenir un Congrès récent.



Imp. J. Thevenot, Saint-Dizier (Haute-Marne)

www.ingramcontent.com/pod-product-compliance
Lightning Source LLC
LaVergne TN
LVHW010017230826
846092LV00002B/873